REMERCIMENT

A LA

CHAMBRE DES AVOCATS

PAR

AUGUSTE BONJOUR

PARIS

TYPOGRAPHIE ET LITHOGRAPHIE RENOU ET MAULDE

144, RUE DE RIVOLI, 144

1868

REMERCIMENT

A LA

CHAMBRE DES AVOCATS

PAR

Auguste BONJOUR

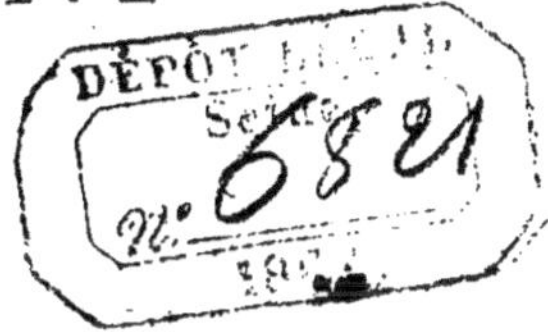

PARIS

TYPOGRAPHIE ET LITHOGRAPHIE RENOU ET MAULDE

144, RUE DE RIVOLI, 144

1868

Yt Ye

38,869

A Monsieur ALLOU

CHER ET HONORABLE BATONNIER,

Je ne puis vous témoigner d'une manière plus expressive et plus profondément sentie ma vive reconnaissance pour toutes les marques d'intérêt de votre part et de la part de la Chambre, envers ma fille, pendant le cours de sa cruelle maladie, qu'en vous priant d'accepter pour vous personnellement et pour la Chambre les mêmes expressions de gratitude que j'adressais en mai dernier à un confrère opiniâtrement retranché derrière le rideau de l'anonyme, mais dont les traits de gracieuseté pour ma fille étaient si délicats que je ne puis résister au plaisir de vous les communiquer.

Si cet excellent confrère est membre de la Chambre, son cœur, en relisant ces lignes qu'il connaît et que j'adresse à chacun de vous, éprouvera de nouveau le double épanouissement de plaisir d'avoir été l'auteur d'aussi jolis traits et d'en avoir secrètement concentré en lui et pour lui seul tout le mérite.

Noble et généreux égoïsme !

CERISES ET FRAISES

Au mois d'avril dernier, ma pauvre fille, dans une de ses brûlantes et trop nombreuses nuits de souffrance, m'appelle : Que me veux-tu ma Berthe ? Oh quelques cerises, mon père ! Ma fille nous sommes en avril, et les cerisiers sont à peine en fleurs. Oh ! qu'il me semble que quelques cerises me feraient du bien ! Et, dès le matin, me voilà en quête chez les marchands de primeurs, ou plutôt d'excentricités factices. Je trouve enfin de petites cerises écloses, forcées, mûries, ou plutôt ammolies à la vapeur des serres; j'en achète environ une trentaine, que l'on me dépose soigneusement dans un petit sac. Il était trop tard pour retourner chez moi, j'arrive au Palais et place mon précieux petit sac dans mon chapeau. Un de mes confrères, dans le mouvement d'évolution du bras pour passer sa robe, renverse chapeau, petit sac, et cerises. Tiens ! des cerises en avril ! Oh ! dit la costumière, Madame Alexandre, c'est à Monsieur Bonjour, Je suis sûre que c'est pour sa fille si malade. Et bien, dites à Bonjour qu'il aie bien soin de son sac, mais il n'y en a pas assez ; il s'empresse de les ramasser, et par un tour de prestidigitation à la Robert-Houdin, les cerises avaient fait éclore une pièce de vingt francs au fond du sac pour d'autres cerises à offrir à ma fille.

Trois jours après, il dit à Madame Alexandre (femme ferme et fine sur les secrets, et qui, malgré toutes mes ruses inquisitoriales, est restée impénétrable) on trouvera à cette époque plus facilement des fraises, et des fraises vaudraient mieux pour la malade.

Je trouve en quittant ma toque, *un petit papier rosé, d'un certain petit* poids métallique dans mon chapeau, et sur lequel était écrit au crayon d'une écriture déguisée : *fraises.*

C'est à ces traits de délicatesse et d'attention si charmants, si exquis, que j'ai répondu par la première pièce de vers suivante, adressée à M***, avocat.

CERISES ET FRAISES

Frère, où donc finira ta bienveillance humaine ?
Flore à Pomome est loin de céder son domaine,
Et déjà de ses dons, mûris à force d'art,
Ta libéralité m'offre à prendre une part.
Belle ! dix-huit printemps ! idole d'une mère !
Oh ! de ses jours flétris que la coupe est amère !
Sur ma fille la fièvre acharnant ses efforts,
De la vie en son sein a miné les ressorts.
D'Esculape impuissant la science discrète
A, par son froid silence, avoué sa défaite ;
Et libre, abandonnée au gré de ses instincts,
Ma fille, entre elle et Dieu, balance ses destins.
O toi, dont le saint nom s'échappe de ma plume,
Dieu grand ! toi seul le peux, du mal qui la consume
Sauve ma fille !.... Ici, s'il faut subir la loi,
S'il faut que le ciel s'ouvre, oh ! que ce soit pour moi !
Ma fille ! je l'entends !.... Sa voix a dit : Mon père !
Ma Berthe, me voilà, que t'offrir pour te plaire ?
Mon père, une cerise,..... oh, ma fille ! en nos champs
Ses fleurs versent encor leurs parfums caressants ;
Avril n'a point soufflé sur leurs frêles corolles,
Dans peu, pour t'en tresser de blanches auréoles,
Appuyée à mon bras, tu viendras en cueillir.
Mon père, une cerise,.... oh ! l'air va-t-il fraîchir ?
Et dès le lendemain (car je les ai promises),
Cerises embryons, avortons de cerises,
Sortaient de ce quartier où les plus durs hivers
Montrent raisins nouveaux, des pêches, des pois verts.
Tu l'appris..... et ta main furtive, clandestine,
Comme un larcin habile, à l'agape enfantine,
Dans le sac aux fruits verts ajouta ton présent,
Laissant dans l'ombre errer mon cœur reconnaissant.
Bientôt pour d'autres fruits, en sage d'Epidaure,
Nouveau présent subtil ! autre surprise encore !
Des fraises, as-tu dit, par ses fraîches saveurs,
D'un sein brûlant la fraise appaise les ardeurs.
Voilà bien le barreau !.... Par vous ou par les vôtres,
Souffrez-vous ? du trésor aussitôt vingt des nôtres,
Au conclave accourus, rançonnent le budget,
Et chacun sort heureux du bonheur qu'il a fait,

Corps sacré du barreau ! Noble chevalerie !
Où, des plus purs levains uniquement nourrie,
L'âme grandit, s'élève et s'inféode au bien,
Où le cœur, le génie unis d'un seul lien,
Blazonnent l'écusson qu'arbore sa milice ;
Où rien de beau, de grand, ne coûte un sacrifice !
Debout, dans vos créneaux qui s'ouvrent tous les ans
Jusqu'à mon dernier jour que je serve en vos rangs !
Quel saint tressaillement à l'heure de s'éteindre,
De sentir sous vos mains sa froide main s'étreindre !
Que je succombe ainsi que cet illustre mort
Que mes vers ont pleuré, que nous pleurons encor !
Et qu'en ses plis vieillis, ma robe octogénaire
Aux dalles du palais me serve de suaire !
Frère ! aux jours més plus doux ton bienfait survivra,
Mais cesse de m'offrir, ou je deviens ingrat ;
Je me tais.... libre cours à la reconnaissance,
Du passé culte heureux, plus cher que l'espérance,
Où renaît mille fois le charme des bienfaits
Qu'on oublierait pour soi, pour sa fille ! oh, jamais !
Gloires ! honneurs mondains ! délices de la terre !
Valez-vous à mon cœur la fraise salutaire
Au chevet de ma fille offerte en pleins frimats ?
Le nègre des déserts, des plus lointains climats
Au tronc des verts palmiers balançant la corbeille,
Où plane une colombe, où sa fille sommeille,
Pour des jours adorés souffre-t-il moins que moi ?
Qu'un prince qu'importune un vain titre de roi,
Que n'ont souffert Hyong, Lord Byron dont les rimes
Ont immortalisé tant de douleurs sublimes ?
Tous les cœurs sont égaux près d'un jeune cercueil
Demain prêt à s'ouvrir, prêt à franchir le seuil.
A tes présents discrets, oh, que je fus sensible !
Las de chercher en vain ce génie invisible,
Ils me viennent du ciel, ai-je dit, oui, ta main,
A mes jours, à mes nuits qu'un froid de mort sans fin
Glace, agite, torture, a porté le dictame,
Céleste sympathie ! affinité de l'âme !
Comment donc t'égaler ? frère, qu'au fond des eaux
Te plonge un coup fatal, vieil athlète des flots,
En quatre efforts nerveux je te rends à la vie ;
Que ta maison s'écroule en proie à l'incendie,

J'y pénètre d'un bond, j'enlève tes enfants,
Ta femme, toi ; la nuit qu'un groupe de brigands
Te menace en chemin d'une lame assassine,
Je serai devant toi, compte sur ma poitrine.
Ma fille !.... ô mal horrible et qui laisse à l'esprit
Ses plus touchants attraits, l'affine et l'embellit.
Que de fois en huit mois la quinte à voix stridante
Sous sa lèvre étouffa l'anecdote attachante !
Traître repos du mal ! du mal actif sommeil
Où sa force l'attend plus vive à son réveil.
Quelques jours souriants, trop hâtive espérance,
Qu'écrase de son poids la pâle défaillance.
Ni voix, ni mouvement ! puis, quand le corps brisé
Sous d'actifs irritants frémit galvanisé,
Rouvre les yeux, les bras, qu'avec peine il soulève,
On joue à la douleur pendant sa courte trève ;
On efface ses pas laissés vers le cercueil, —
Du tendre Millevoye on lit tout le recueil,
On rappelle à son cou la pauvre tourterelle
Dans sa cage oubliée, honteuse, traînant l'aile,
Et sur l'album, la veille échappé de sa main,
D'une humble fleur penchée on reprend le dessin.
O céleste pensée ! ô piété touchante !
Sublime poésie en une âme souffrante !
Dans son lit l'assiégeaient d'accablantes douleurs,
Sur elle, un livre en main, veillaient deux de ses sœurs,
Sa mère et l'autre sœur, à la fenêtre assises,
Auguraient sur le temps, en tiraient leurs devises,
S'avancent lentement sous de longs voiles blancs,
Jeunes filles,.... aux mains de funèbres rubans !
Doucement aussitôt le rideau se referme.
Oh ! rouvrez ce rideau, mère, mon cœur est ferme,
J'ai tout vu, sur mon lit, mes sœurs, soulevez-moi
Que je prie un instant,.... et fervente de foi,
Sous un châle prudent qu'à son épaule nue
Ont suspendu ses sœurs, dans leurs bras soutenue,
Mains jointes, à genoux, et les yeux vers le ciel,
Comme un ange échappé des cieux de Raphaël,
Elle pria le temps que passa le cortége !....
Pour qui ?.... du fond des cœurs à Dieu le privilége !

Auguste BONJOUR.

8 mai 1868.

ADIEUX A MA FILLE

A Monsieur ALLOU

BATONNIER DE L'ORDRE DES AVOCATS

CHER ET DIGNE BATONNIER,

Je n'ai plus de termes pour vous exprimer ma reconnaissance dont vous pouvez apprécier tout ce qu'elle a de vif et
de profond. J'ai laissé s'écouler quelques jours depuis ce
douloureux événement pour repasser dans le calme de mon
esprit tous les témoignages particuliers d'intérêt de mes
confrères et toutes les gracieusetés de la Chambre envers ma
fille, afin d'accomplir envers eux et envers la Chambre,
comme je le sens, les devoirs de gratitude que m'imposent
tant de sympathies.

Vous avez eu la bienveillance d'accueillir si gracieusement
ma première pièce de vers sur la maladie de ma fille, et dont
l'intérêt touchant qu'elle vous inspirait, faisait tout l'attrait et
le mérite, soyez assez bienveillant aussi, pour cette seconde
pièce, sur la perte si douloureuse qui vient de me frapper, et
pour la troisième, sur de pieux souvenirs de famille.

Agréez, honorable et bien cher Bâtonnier, mes sentiments
de confraternité et de reconnaissance bien profonds,

AUGUSTE BONJOUR.

Ce 24 Juillet 1868.

ADIEUX A MA FILLE

A genoux ! à genoux ! oh, qu'elle a donc souffert !
Baisons ces mains, ce front de sueur tout couvert ;
Sous les coups de son mal si longtemps à s'abattre,
Ce jeune cœur pour nous vient de cesser de battre.
Quelle fermeté d'âme et pour nous quel amour
Plus que l'art des docteurs l'ont retenue au jour !
Riante à tous nos soins, jamais un seul murmure
Des maux les plus aigus n'accusa la torture ;
Elle voulait tant vivre et voulait tant guérir !
Pour les biens de son âge ?.... oh, non ! pour nous chérir,
Toujours elle y compta ; le poids des boucles blondes
Qui jusqu'à ses genoux laissait flotter leurs ondes,
Doux orgueil de son sexe, accablait son cerveau,
Mère, il faut les couper, l'or en sera plus beau
Dans six mois, dans un an, jusque-là, pour attendre,
Comme en nos jours trompeurs, chacun aime à surprendre,
J'aurai de faux cheveux, mère, jouons un peu,
Le piquet te plaît tant..... lorsque j'ai mauvais jeu,
Tiens ! le journal pour rire, à quoi bon ? sans médire,
Tous les journaux d'un sou sont des journaux pour rire ;
Voyons mon feuilleton,.... il pâlit sur la fin ;
Il traîne, oh ! j'ai le temps,.... et dès le lendemain
La fièvre à coups pressés faisait bondir l'artère ;
A peine on distinguait les accents d'une mère,
Des pieds au sein le froid glaçait le cours du sang,
Montait en déroulant ses anneaux de serpent ;
Sans l'appui de ses sœurs, par un effort suprême,
Ouvrant ses grands yeux bleus, se dressant d'elle-même.
Oh, mon souffle s'éteint !.... *Je vais donc vous quitter !*
Tu n'as pas dit : mourir ! oh, rien à regretter
Pour toi, ma pauvre Berthe à ton heure dernière !
Non, rien, hormis tes sœurs et ton père et ta mère,
Ta mère ! elle enfanta dans nos jours de malheurs,
Le lait qu'offrit son sein coulait avec ses pleurs ;
Sous de riches lambris Dieu plaça ta naissance ;
Les arts, en souriant, ébauchaient ton enfance,

Oh ! d'un père pour vous, vaines ambitions !
L'ouragan niveleur des révolutions
Brise, renverse tout : calculs, projets, fortune ;
Depuis, de nos salons jusqu'au mot t'importune,
Ton cœur, ton cœur d'enfant se meurt à tout désir,
Plus un jour de bonheur, un éclair de plaisir,
Plus de chants, de concerts, de riantes soirées,
Dans l'urne aux visiteurs plus de cartes titrées !
Disparaît ton Pleyel où, pour l'octave étroits
Sur l'ivoire asservi volaient tes petits doigts.
Plus de cours d'allemand, plus de maîtresse anglaise ;
Que de pleurs pour Plymouth quand elle prit la chaise !
De liens enfantins si cruels à briser,
Trésor qu'un froid sophisme enseigne à mépriser
A ces cœurs purs, frappés qu'à leur âge si tendre
Déjà plus d'amitiés pour qui vient à descendre.
Quel abîme ont laissé, dans tes rêves trahis,
Ces prismes dont tes feux les avaient éblouis !
Pour toi, que j'enviais cette expansive joie
Qu'un beau ciel de dimanche à l'ouvrière envoie :
Une robe de fil, bondir, jouer, courir.
Toi, fille du barreau, l'étiquette ou souffrir !
Cet instinct de gaîté, qui dévore à ton âge,
Luttait contre l'affront de baisser d'un étage ;
Les murmures du sang qui grondaient dans ton sein
De ta fierté jamais n'ont pu briser le frein.
Le matin, en secret, vers l'église voisine,
Tes sœurs et toi suiviez la route clandestine ;
Pendant douze ans vos pieds, prisonniers citadins,
De Vincennes, Boulogne, ont-ils su les chemins ?
Fête des champs jamais vous vit-elle paraître ?
Le coin du feu l'hiver et l'été la fenêtre,
C'est là que prit ton mal, voilà tes dix-huit ans !
Oh ! pressons-nous près d'elle à ces derniers instants
Où des liens du monde une âme se dégage,
Où tout ce qu'elle aima l'arrête à son passage.
Elle parle !..... Sa voix, comme un son du lointain,
Qui par degrés approche et s'éloigne et s'éteint,
Murmure encor ces mots... mes sœurs ! mes sœurs ! ma mère !
Puis, l'oreille à sa lèvre, on distingua.... mon père !
Sa paupière, à demi levée encor vers nous,
Avec peine essayait un sourire pour tous ;

Sa main, que réveillait sa dernière pensée,
Sembla chercher la nôtre et retomba glacée !
Oh ! parez son chevet de fleurs ! Son crucifix,
Sous ses yeux chaque soir si pieusement mis,
Placez-le dans ses mains sur son sein ramenées,
Doux symbole d'espoir en d'autres destinées !
Oh ! quel rayon d'en haut, quelle tendre clarté
Baigne de flots d'azur ce lit qu'elle a quitté !
Déjà, la voyez-vous au sein de ce nuage
Où, dans des reflets d'or, resplendit son image ?
L'ange de son berceau, la couronne à la main,
L'entraînant dans ses bras pour le céleste hymen ?
Quel suave parfum qu'aucun encens n'égale,
Ici, de tous côtés, à cet instant s'exhale ;
Doux parfum de vertu que sa vie a laissé,
Qui sort du cristal pur qu'un orage a brisé !
Adieu, ma pauvre Berthe ! Adieu, charmante fille !
Oh ! souvent nous irons au tombeau de famille,
Seul débris de nos biens que le ciel t'a laissé,
Évoquer ton esprit, écouter ton passé !
Épave de ton âme à partir déjà prête,
Ce bouquet, vain tissu, commencé pour ma fête,
Dernier gage pieux de dévoûments si purs,
Près de ta douce image embellira ces murs !
Tu souffris sans te plaindre et, d'épreuve en épreuve,
De tes jours inquiets tu voyais fuir le fleuve.
Heureuse, tu prieras sous un ciel moins amer
Pour ta mère, tes sœurs, seul bien qui te fût cher !
Ton père !... Oh ! n'omets pas, dans ton céleste asile,
Mes frères du barreau dont tu fus la pupille.

. . . .
. . . .
. . . .
. . . .

Sur un chevet de plomb dormir tant de beauté !
Morte ! en riant d'espoir !... Morte ! ô fatalité !
Morte à tes dix-huit ans ! Morte au jour de ta fête !
Ta sainte y songea seule !..... aux cieux elle fut prête !

Auguste BONJOUR.

Au Père-Lachaise, au sortir du Palais, ces 8, 9 et 11 juillet 1868.

PIEUX SOUVENIRS

Chênes majestueux ! verts peupliers si beaux !
Que vous avez grandi sur le sol des tombeaux !
Arbres de liberté ; mais arbres dont la cime
Ne s'est jamais courbée au vent d'aucun régime,
Depuis cinquante hivers que, par mes mains plantés,
Aux tempêtes du monde en paix vous résistez,
A leur tour descendus dans les mêmes abîmes.
Que de partis vaincus ! de héros ! de victimes !
Que de pouvoirs naissants, dès l'aurore éclipsés,
Pour se rendre à la terre à vos pieds sont passés !
Aux lois de l'univers, condamnés à se rendre,
Sur d'éternels discords là tous viennent s'entendre !
Là, s'évapore enfin l'épaisse obscurité
De l'énigme sans sphinx : Concorde, égalité !
Je ne sais, dans ces lieux où de la vie humaine
L'étroit compas du temps circonscrit le domaine,
Quel invincible attrait m'enchaîne et me retient,
Là tout vous semble pur, tout respire le bien.
Cher aux esprits penseurs, sensibles et poëtes,
Ce calme qu'interrompt le seul chant des fauvettes,
Du feuillage agité ce doux frémissement,
Sous son ombrage obscur ce froid recueillement,
Ces familles de fleurs qui, des tombes voisines,
Baignent la brise au loin de leurs senteurs divines !
Ces amis, ces grands noms, que vous avez connus,
Qui, dans ce champ de paix, avant vous sont venus,
Ce vague enivrement d'une cendre adorée,
De votre cœur d'un pas à peine séparée,
Parfois, ces fronts baissés, ces cortéges pieux,
Suivant un être cher de leurs mornes adieux !
Sur le sable ces pas qu'un vent de la nuit sombre,
Comme tant de regrets, effacera dans l'ombre ;
Ce bruit vague, léger, sous les arbres glissés,
Mystérieux échos des choses du passé,
Secrets qui des tombeaux voudraient percer le voile,
Soupirs de cœurs aimants qu'a trahis leur étoile,

Murmures souterrains d'esprits toujours luttants,
Rêvant contre le sort jusqu'à la fin des temps !
Comme ces prisonniers du sépulcre avant l'heure,
Brisant de désespoir le bois de leur demeure !
Comme à son frais parfum, aux matelots si cher,
De loin se fait sentir l'approche de la mer.
D'ici, l'on sent le Ciel !.... un besoin de prière
Fait fléchir, malgré vous, vos genoux sur la pierre ;
Vous subissez le Dieu ! le Dieu qui dans ses mains
Tient, sans le révéler, l'arrêt de vos destins ;
Vous vous sentez frappé d'une sainte lumière,
Et la vertu saisit votre âme toute entière !
Qui donc vient m'avertir d'un ton doux, onctueux ?
C'est un être vivant ! un gardien de ces lieux :
— C'est l'heure de quitter notre froide demeure ;
— Non, de l'éternité l'horloge n'a point d'heure ;
— Bien. Mais elle a ses soirs, ses nuits, ses lendemains,
Demain vous reviendrez ici joindre les mains ;
Mais trop d'amour des morts, extase, fanatisme !
Et quand d'autres sont chers, tombe en froid égoïsme !
Je connais vos enfants et vous ; depuis le seuil
De cet enclos de mort je guidai le cercueil.
Prenez mon bras, sortons. — Je crois vous reconnaître
Du palais, vols de fleurs ! — Oui. — Votre nom ? — Leprêtre.
Leprêtre ! à nos douleurs, nom tendre, harmonieux,
Digne d'être porté par vous dans ces saints lieux !
Eh bien, mon bon Leprêtre, encor une prière :
Une ombre ici repose, ombre que je révère,
Eloge, ni légende, et, pour tout ornement,
Un nom seul sur le front de ce froid monument !
Après bien des hivers passés sur ta poussière,
Ton fils, en cheveux blancs, te salue, ô mon père !
Comme le tien, tu fus l'ange d'humanité,
Un malade, avec toi, jamais a-t-il compté ?
Arbres, calendriers datés de ma jeunesse,
Rappelez-moi ce soir, derniers soins de tendresse,
Où j'alignai vos pieds autour de son tombeau,
Par delà bien des temps ; qu'un feuillage nouveau,
Tous les ans plus épais, couvre d'un frais ombrage
Sa cendre hospitalière et celle d'un jeune âge !
Haute paternité ! gloire de grands parents
D'admirer se survivre en d'autres descendants !

Quel bonheur de me voir un jour époux et père !
Pour une autre famille un nouveau sanctuaire.
Le soir sur tes genoux de presser mes enfants,
Plus tard, de les doter quand ils seraient bien grands,
Plus tard,.... rouvre tes bras du fond du mausolée,
Que ton ombre tressaille aujourd'hui consolée !
Je t'amène, ma fille !.... oh, si l'âme à nos jours
Survit, la tombe aussi doit avoir ses amours !
Sur ton lit, seul bonheur, à ton heure dernière,
Noter pour ton grand art des faits pleins de lumière !
Oh ! je te remercie avec ferveur encor
Des soins que tu donnas dès l'enfance à mon sort,
De tes efforts surtout pour verser dans mon âme
Ce saint amour du bien que tout honneur enflamme !
Du bienfait de ton nom si pur, par toi transmis.
Si l'esprit, non le cœur, quelquefois peu soumis,
N'eût de tes bons conseils qu'une empreinte légère,
Pardonne, on n'est bon fils que lorsque l'on est père.
Oh ! je te remercie aussi de ce tombeau,
Où m'attend, veuve encor, ma place en un caveau ;
De ses panneaux de marbre, et de sa haute grille,
Où, près de toi, toujours reposera ma fille !
Que l'écho de ses murs te répète ma voix,
Ma Berthe, adieu !.... mais non pour la dernière fois !

Auguste BONJOUR.

Au Père-Lachaise, ces 18 et 20 juillet 1868.

Je ne dois et ne puis non plus oublier dans mes témoignages de reconnaissance mes remercîments aussi sincères quoiqu'indirectes aux auteurs anonymes de plusieurs présents à ma fille, qu'à leur délicatesse, à leur ingénieuse et touchante dignité je ne puis suspecter que cette généreuse coterie de confrères, qui, sans se concerter, sans s'être probablement ni avertis ni vus sur ce point, auront individuellement témoigné à ma fille un si touchant intérêt.

Ainsi un aquarium peuplé de plusieurs petits poissons d'espèces variées ; dans une cage en forme de châlet, une paire de petits bengalis, une paire de petits *cous coupés* bleus à bec rose, une tourterelle à collier noir, de la grosseur d'une grive, un petit nécessaire de travail, toutes les montures en nacre, une boîte de pastels en acajou, un petit coffret à sachets ambrés pour mouchoirs, un éventail Louis XV, un très-petit livre de messe à caractères microscopiques, à fermoir et coins dorés, un burnous en étoffe de cachemire rouge, pour les promenades du printemps, ingénieux présent et qui ne peut provenir que de l'inspiration d'un cœur de femme et de mère de famille, moelleux et coquet vêtement ! ravissante toilette de jeune convalescente ! d'une séduction, d'un bon augure, vertigineux, et qu'il eût suffi, pour guérir, de toucher seulement du doigt de la pensée et de la foi, si de nos jours s'opéraient encore de pareilles cures par de simples contacts mystiques ou corporels. Hélas ! elle n'a mis ce burnous que trois ou quatre fois pour voir défiler avec toute la rapidité d'un stepple-chase les splendides équipages étincelants au soleil de dorures et des plus riches couleurs, emportant aux courses de Vincennes ce tourbillon vivant de somptueuses parures et de toilettes éblouissantes dans lesquelles elle a remarqué des burnous semblables au sien, que n'était-il du nombre sur ses épaules ! elle l'a mis parfois encore pour voir s'acheminer d'un pas lent et religieux des convois de jeunes filles vers le lieu de repos.

Terminons notre œuvre pieuse et de justice, notre touchante énumération : plusieurs camélias, rosiers, pots de fleurs exotiques qui métamorphosaient sa chambre à coucher en un féerique jardin. Inutile de parler des volumineux bouquets de violettes. On ne peut se figurer ce que ces présents si délicats donnaient d'énergie à son âme, ouvraient à son esprit d'éclaircies de rassurance et d'enjouement et allumaient de besoins de reconnaissance dans son cœur, l'ambition de vivre et de guérir et les impressions heureuses qu'y puisait l'imagination de cette jeune malade inféodée depuis douze ans à cette rêverie mélancolique et chagrine qu'elle n'était plus l'objet d'aucun intérêt de la part de personne dans le monde, l'ont conservée près de nous plus de trois mois de plus.

Qu'il est d'âmes généreuses, ingénieusement généreuses, généreuses à propos et à point dans cette société, d'un certain rang si calomniée, si injustement accusée d'égoïsme et de froideur pour d'intéressantes amertumes !

Oh ! comme elle le comprenait ! comme elle le sentait ! comme le désir brûlant de reconnaissance élevait ses pensées vers cette société et les électrisait ! Se peut-il, répétait-elle souvent, que je ne pourrai jamais découvrir d'où me viennent d'aussi charmantes offrandes, et que je resterai éternellement privée du bonheur des remercîments comme la plus apathique des ingrates ! Quelle richesse de sentiments dans cette âme vierge, qui, depuis les irréparables désillusions de son enfance, s'était, comme par une instinctive résignation, constamment repliée sur elle-même et que n'avait encore effleurée aucune préoccupation des joies de ce monde !

Eh bien ! mes excellents confrères, anonymes et dévoilés, que chacun de vous se reconnaisse et prenne la part de reconnaissance qui lui revient dans cette sentimentale nomenclature. Je paye aujourd'hui la dette de ma fille, je vous remercie tous du plus profond de son cœur, c'est bien plus que de tout le mien.

AUGUSTE BONJOUR, avocat.

16813   Imp. RENOU et MAULDE, rue de Rivoli, 144.

www.ingramcontent.com/pod-product-compliance
Lightning Source LLC
LaVergne TN
LVHW021058050726
842519LV00005B/1711